Silke Erbert

STOFFMALEREI

Pettersson und Findus ™

W0057773

Inhaltsverzeichnis

Vorwort

Der schrullige Pettersson und sein Kater Findus haben jede Menge Spaß mit der Stoffmalerei. Sie verschönern T-Shirts, Jacken und Taschen mit lustigen Motiven und schmücken ihre Wohnung mit Stoffbildern. Wenn du es wie diese beiden machen willst, findest du in diesem Buch viele pfiffige Ideen zur Stoffmalerei. Und es ist kinderleicht!
Viel Spaß wünschen

Sabine und Thomas

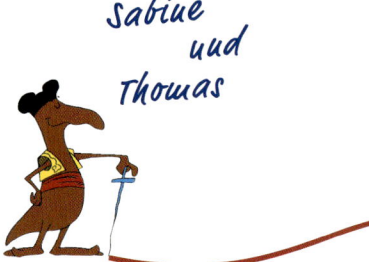

Material und Werkzeug

Stoffe

Die Stoffe, die ihr bemalen möchtet, sollten aus reiner Baumwolle bestehen oder einen hohen Baumwollanteil haben. Vor dem Malen müssen sie einmal gewaschen sein, damit der Stoff die Farbe gut aufnimmt.

Farben

In den Bastelgeschäften findet ihr eine Riesenauswahl an Stoffmalfarben und Stoffmalstiften. Achtet beim Kauf darauf, dass die Farben sowohl auf hellen als auch auf dunklen Stoffen zu verwenden sind und sie nicht extra fixiert werden müssen. Mit den Stoffmalstiften könnt ihr besonders gut Konturen oder Linien ziehen und kleinere Farbflächen ausmalen.

Plusterfarben

Mit Plusterfarben oder -linern lassen sich tolle, plastische Effekte auf Stoff zaubern. Beachtet beim Gebrauch von Plusterlinern die Herstellerhinweise.

Pinsel

Zum Malen von großen Flächen eignet sich ein Borsten- oder Haarpinsel. Für die Feinheiten und Konturen solltet ihr feine Rotmarder- oder Synthetikpinsel verwenden.

Bügelmusterstift

Die Motive auf dem Vorlagenbogen dieses Buches sind alle direkt aufbügelbar! Jedes Motiv kann aber auch mit weißen oder schwarzen Bügelmusterstiften auf den Stoff aufgebracht werden. Dazu paust man die Linien mit dem Bügelmusterstift auf Pergamentpapier und bügelt es auf den Stoff.

Übertragen der Motive

Alle Motive auf dem Vorlagenbogen sind abbügelbar. Sucht euch ein Motiv aus, schneidet es aus und platziert es mit der bedruckten Seite nach unten auf den Stoff. Zwischen die Vorder- und Rückseite des Stoffes legt ihr ein Stück Karton, dann bügelt ihr mit dem Bügeleisen das Motiv auf den Stoff. Die Temperatur des Bügeleisens muss dem jeweiligen Stoff entsprechen. Falls ihr ein Dampfbügeleisen benutzt, müsst ihr den Dampf abstellen. Achtung: Heiße Bügeleisen sind gefährlich! Bittet einen Erwachsenen, euch zu helfen.

Tipp: Das Papier dürft ihr nach dem Bügeln nicht direkt abziehen. Ihr solltet erst einmal eine Ecke leicht anheben, damit ihr feststellen könnt, ob die Linien richtig übertragen sind.
Ist das nicht der Fall, müsst ihr noch mal bügeln. Das abgekühlte Papier könnt ihr dann leicht vom Stoff abziehen.

So bemalt ihr den Stoff

Lasst das Kartonstück unter dem Stoff liegen, damit beim Malen die Farbe nicht durchschlägt und die Rückseite des Stoffes verdirbt. Der Stoff muss glatt liegen und darf nicht verrutschen. Ihr könnt ihn mit Nadeln oder Kreppband am Karton feststecken. Jetzt könnt ihr das Motiv

Stoffmalerei

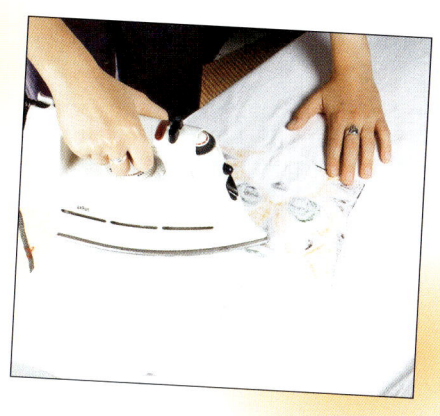

ausmalen: Für große Flächen benutzt ihr einen breiten Borstenpinsel und für kleinere Flächen einen dünnen Synthetik- oder Rotmarderpinsel. Achtet darauf, dass die verschiedenen Farben trocken sind, bevor ihr mit der nächsten Farbe ansetzt. Die Farben laufen sonst ineinander. Die Pinsel müssen zudem nach jeder Farbe gründlich in warmem Wasser aus- gewaschen werden, da sonst die nächste Farbe verfälscht wird.

Wenn ihr das Motiv vollständig bemalt habt und die Farbe trocken ist, zieht ihr die Konturen mit einem schwarzen Stoffmalstift nach. So verschwinden kleine Malfehler und das ganze Bild sieht sauber aus.

Fixieren

Manche Farben müssen fixiert werden. Beachtet die jeweilige Gebrauchsanweisung auf den Farbgläschen. Fixiert wird mit dem Bügeleisen. Dreht den Stoff auf die Rückseite und bügelt einige Minuten auf Baumwolleinstellung.

5

Waschen der Textilien

Am besten wascht ihr den bemalten Stoff mit der Hand oder bis höchstens
40 Grad in der Maschine. Die Kleidungsstücke sollten dabei unbedingt auf links
gedreht sein, damit die Bemalung nicht beschädigt wird.

Arbeiten auf dunklen Textilien

Wenn ihr ein Motiv auf dunklen Stoff aufbringen wollt, müsst ihr euch selbst ein
Bügelmuster herstellen, weil ihr die blaue Druckfarbe vom Vorlagenbogen auf
dunklem Stoff nicht sehen könnt. Wählt euch ein Motiv vom Vorlagenbogen, legt ein
Pergamentpapier darüber und zieht die durchscheinenden Linien mit einem weißen
Bügelmusterstift nach. Wenn ihr fertig seid, pustet kurz über die Vorlage, damit keine
Krümel darauf liegen bleiben. Nun könnt ihr das Papier umgedreht auf den Stoff
aufbügeln.

Vergrößern bzw. Verkleinern von Motiven

Möchtet ihr eines der abgebildeten Motive des Vorlagenbogens größer oder kleiner
haben, könnt ihr das mit Hilfe eines Kopierers tun. Kopiert das Motiv in der
gewünschten Größe und fertigt wie bereits beschrieben eine Vorlage mit dem passenden
Bügelmusterstift auf Pergamentpapier an. Aufbügeln und fertig!

6

Dies sind die Farben von Pettersson, Findus und dem Huhn Prillan, die ihr immer wieder braucht:

Farben für Pettersson:

- Grundfarbe Oberhemd wird gemischt aus: Hellblau und Weiß
- Hutunterseite wird gemischt aus: Mittelbraun und Schwarz
- Außerdem benötigt ihr die Farben: Dunkelbraun, Dunkelgrau, Grau, Haut

Farben für Findus:

- Hose wird gemischt aus: Hellgrün, Gelb und Weiß
- Kappe, Augen und Hosenstreifen werden gemischt aus: Saftgrün und Dunkelgrün
- Die rötliche Fellfarbe wird gemischt aus: Orange, Mittelbraun, Weiß und Gelb
- Außerdem benötigt ihr die Farben: Dunkelbraun und Zinnoberrot hell

Farben für Huhn Prillan:

- Schnabel wird gemischt aus: Orange und Sonnengelb
- Außerdem benötigt ihr die Farben: Kiwi, Weiß, Rot und Lila

Pettersson und Findus

Pettersson und Findus sind immer im Bilde

Ihr braucht:

- Bilderrahmen
  (Maße 20 x 30 cm oder größer)
- Passendes Passepartout
- Weißer Baumwollstoff
  (Maße 12 x 16 cm)
- Stoffmalfarben für Pettersson
  und Findus
- Schwarzer Stoffmalstift

Tipp:

Bevor ihr das bemalte Bild in den
Rahmen legt, solltet ihr den Stoff gut
bügeln, damit er schön glatt ist!

Die coole Findus-Tasche

Ihr braucht:

- Blaue Jeanstasche
- Stoffmalfarben für Findus
- Schwarzer Stoffmalstift
- Perlenaufreihfaden oder Magic String
- Bunte Perlen in verschiedenen Ausführungen und Größen
- 25 Sicherheitsnadeln 5 cm Länge
- Plusterliner-Farben Glitter Pink, Glitter Blau, Lichtgrün und Rot

Wenn ihr keine Jeanstasche kaufen wollt, könnt ihr euch auch selber eine nähen.

Tipp:

Für den Perlenschmuck reiht ihr zuerst die verschiedenen Perlen auf alle Sicherheitsnadeln. Knotet dann den Magic String an eine Sicherheitsnadel und reiht jeweils zwei Perlen auf, dann Sicherheitsnadel – Perlen – Sicherheitsnadel – usw., bis ihr fertig seid. Zum Schluss näht ihr das Perlenband an die untere Taschenseite.

10

Findus geht schlafen

Ihr braucht:

- Gelbe Bettwäsche
- Stoffmalfarben für Findus
- Zusätzliche Farben: Dunkelblau und Hellblau
- Schwarzer Stoffmalstift
- Plusterliner-Farben Lichtblau und Glitter Silber

Jetzt schlaft ihr bestimmt noch viel besser, in der selbst bemalten Findus-Bettwäsche!

Tipp:

Lasst die Farbe der Plusterliner 24 Stunden trocknen!

Findus macht Sport

Ihr braucht:

- Gelber Turnbeutel
- Stoffmalfarben für Findus
- Schwarzer Stoffmalstift

Ihr könnt euch einen Turnbeutel
auch selber nähen. Zusätzlich
benötigt ihr eine dicke Kordel.

Ihr braucht:

- Rote Baumwollturnschuhe
- Stoffmalfarben Schwarz und Weiß
- Schwarzer Stoffmalstift

Tipp:

Achtet beim Übertragen des Motivs auf die
Turnschuhe darauf, dass die Vorlage nicht
verrutscht! Das ist gar nicht so einfach.

Das Pettersson-T-Shirt

Ihr braucht:

- ● Weißes Baumwoll-T-Shirt
- ● Schönes Foto
- ● Stoffmalfarben für Pettersson
- ● Schwarzer Stoffmalstift
- ● Plusterliner-Farbe Glitter Pink

Schnappt euch ein schönes Foto, und ab damit in den Copyladen. In wenigen Minuten erhaltet ihr ein bedrucktes T-Shirt, das ihr dann noch zusätzlich bemalen könnt.

Das Hühnerkissen

Prillan

Prillan

Ihr braucht:

- Grünes Stuhlkissen
- Stoffmalfarben für Huhn Prillan
- Schwarzer Stoffmalstift
- Plusterliner-Farben Mittelgelb und Lila

Wie das Huhn auf die Jacke kam

Ihr braucht:

- Hellgrüne Jeansjacke
- Stoffmalfarben für Findus und Huhn Prillan
- Schwarzer Stoffmalstift
- Geschliffene Glassteine zum Aufnähen oder Aufkleben

Tipp:

Die Glassteine könnt ihr aufnähen.
Falls sie jedoch keine Löcher haben,
könnt ihr sie auch in nasse
Plusterfarbe drücken. Das hält auch!

19

Das Pettersson-und Findus-Mobile

Ihr braucht:

- 3 verschieden große „Seidenbilder"
- Seidenmalfarbe Sonnengelb
- Stoffmalfarben für Pettersson und Findus
- Schwarzer Stoffmalstift
- Perlonfaden 0,3 mm Durchmesser
- Plusterliner-Farbe Lichtgrün

So wird's gemacht:

Zuerst malt ihr die Motive mit Stoffmalfarbe auf die „Seidenbilder" und lasst sie trocknen. Erst danach wird die Seidenmalfarbe aufgetragen. Wenn ihr die Einzelteile fertig bemalt habt, bindet ihr die Perlonfäden zusammen. Und schon ist eure Fensterdeko fertig!

20

Findus
im Regen

Ihr braucht:

- Pinkfarbener Regenschirm
- Stoffmalfarben für Findus
- Zusätzliche Farbe: Hellblau
- Schwarzer Stoffmalstift

Ihr braucht:

- Weißer Baumwollhut
- Stoffmalfarben Hellblau und Weiß
- Schwarzer Stoffmalstift
- Plusterliner-Farbe Pink

Tipp:

Wie ihr seht, kann man die
Stoffmalfarbe auch auf
Synthetikstoffe, z.B. Regenschirme,
auftragen. Fixiert wird dabei mit
dem Fön.

23

Findus hinter schwedischen Gardinen

Ihr braucht:

- Gelbe Gardinen
- Stoffmalfarben für Findus
- Schwarzer Stoffmalstift

Tipp:

Ihr solltet darauf achten, dass die Gardinen
aus Baumwolle sind oder zumindest einen
hohen Baumwollanteil haben – nur dann
kann man sie leicht waschen.

junge und alte Petterssons

Ihr braucht:

- Weiße Seidenkrawatte
- Seidenmalfarbe Sonnengelb
- Stoffmalfarben für Findus
- Schwarzer Stoffmalstift
- Plusterliner-Farbe Glitter Rot

Ihr braucht:

- Weißes Baumwoll-T-Shirt
- Lustiges Foto
- Stoffmalfarben für Findus
- Schwarzer Stoffmalstift
- Plusterliner-Farben Orange,
  Lichtgrün und Mittelgelb

Tipp:

Sucht ein besonders lustiges Foto von
demjenigen aus, den ihr beschenken wollt.
Dann könnt ihr tolle Kommentare dazu
dichten. Das Foto wird im Copyladen auf
das T-Shirt gebracht.

27

Tipp:

Liebt ihr Kleckse und kleckern? Dann könnt ihr die Kleckse mit dunkelbrauner Farbe auf eure Tischdecken zaubern.

Ups, Findus hat gekleckert!

Ihr braucht:

- Weiße Baumwollserviette
- Stoffmalfarben für Findus
- Zusätzliche Farbe: Hellblau
- Schwarzer Stoffmalstift

Ihr braucht:

- Gelbe Baumwolltischdecke
- Stoffmalfarben für Findus
- Zusätzliche Farbe: Hellblau
- Schwarzer Stoffmalstift

Pettersson

und Findus
unter der Haube

Ihr braucht:

- Weiße Stoffkappe
- Stoffmalfarben für Pettersson
- Schwarzer Stoffmalstift
- Plusterliner-Farbe Glitter Blau

Ihr braucht:

- Gelber Stoffhut
- Stoffmalfarben für Findus
- Schwarzer Stoffmalstift
- Plusterliner-Farben Lichtgrün und Rot

Die Motive dieses Bügelbogens können mehrfach abgebügelt werden.
Sollte nach mehrfacher Nutzung die Farbe schwächer werden, können die Motive abgepaust
und mit einem Bügelstift auf den Stoff gebracht werden.
Den Bügelbogen bitte kühl und trocken lagern. Nicht in die Sonne oder auf die Heizung legen,
da sonst die Bügelfarbe zerstört wird.

Vorschläge und Materialangaben wurden von der Autorin
sorgfältig geprüft, jedoch kann eine Garantie nicht übernommen werden.
Eine Haftung des Verlages oder der Autorin für eventuell auftretende Fehler oder
Schäden ist ausgeschlossen. Die Warnhinweise müssen beachtet werden.
Eltern haften für ihre Kinder.

ISBN 3-8212-8437-4
© 2001 TV-Loonland AG, Happy Life Animation AB
and AB Svensk Filmindustri. All rights reserved.
Lizenz durch Loonland Merchandising GmbH, München
Verantwortlich für diese Ausgabe:
XENOS Verlagsgesellschaft mbH,
Am Hehsel 40, 22339 Hamburg
Sonderausgabe für TippCreativ

Art Direction und Gestaltung: Uli Velte, Hamburg
Layout: Margret Bernard-Kress
Fotos: Studio 67, Peter Schmetzer

Printed in Germany